" Angels yn Nyffryn "

Erbyn Patti SassyAngel Chiappa

Mae'r llyfr hwn yn ymroddedig i holl angylion sydd â calon llawn o ffydd , hyd yn oed er bod yn mynd trwy eu cwm eu hunain . Ar gyfer yr holl rhai sy'n rhoi gofal gwych sy'n annog, caru a rhoi. Ar gyfer fy ffrindiau annwyl ac anwyliaid sydd wedi colli eu brwydr i ganser. Mae fy hen fodryb Fiola, ewythr Walter , ewythr Willie , ewythr Al , ewythr Joe , Diana , Kyle , Sherry , grandpa Fred a fy nhad annwyl Bernie , modryb Dot , nain mawr , modryb Roberta , yr ydych yn fy angylion yn y nefoedd . Ar gyfer modryb Dot a Jane sydd yn dal i ymladd brwydr dewr yno . Bydd eich dewrder , cryfder , a golau bob amser yn rhan ohonof . Diolch i chi am fod yn ysbrydoliaeth yn wir . Ar gyfer fy anwyliaid wnaeth fy annog am y syniad ar gyfer y llyfr hwn. Diolch i chi am eich cefnogaeth , amynedd , a chlustiau gwrando. Mae'r llyfr hwn i chi i gyd . Mai ysgrythurau hyn , cerddi , a gweddïau , yn dod â heddwch a chysur i chi . Bydd cyfran o'r elw o'r llyfr hwn yn cael ei roi i'r Gronfa Farber Dana .

Pennod Un

"Ond eich marw , yn byw . Bydd eu cyrff codi. Chi sy'n trigo yn y llwch deffro ac yn gweiddi am lawenydd . Mae eich gwlith yn debyg y gwlith y bore . Bydd y ddaear yn rhoi genedigaeth i ei farw. " Eseia 26:19

Y tro cyntaf i mi glywed y canser gair oeddwn yn bedair oed. Doeddwn i ddim yn gwybod yr hyn y mae'r gair yn golygu , ond roeddwn i'n gwybod bod llawer o boen sy'n gysylltiedig ag ef . Yr oedd fy pedwerydd pen-blwydd. Mae fy nheulu wedi casglu o gwmpas fy gacen ben-blwydd . Yr wyf yn cofio fel yr wyf yn

chwythu allan y canhwyllau fy hen fodryb gyda'i llygaid glas ysgafn a dechreuodd gwên meddal i grio .
"Mae gen i ganser y fron. " Dywedodd .

Yr wyf yn cofio edrych yn glir o amgylch yr ystafell ar wynebau fy aelod o'r teulu a oedd yn unig yn llawn
o lawenydd awr yn edrych ar goll , yn ddig , ac yn llawn o anghrediniaeth .

Yr wyf yn cofio troi at fy hen fodryb . Mae menyw a oedd mor ysbrydol , mor hardd , mor ysgafn , fy mod
mewn gwirionedd yn meddwl ei bod yn angel a dweud " Beth yw canser ? "Mae fy hen fodryb y ferch
oedd yn fy nysgu am weddi , ffydd , a maddeuant , cymerodd fi gan fy llaw bach ac tearfully Dywedodd ,
" Mae canser yn ffordd Duw yn dod â ni yn nes ato . Mae'n ffordd y mae Duw yn ein dysgu i ddibynnu ar
ein ffydd . Mae'n ffordd y mae Duw yn dangos i ni pa mor gryf ydym mewn gwirionedd . Canser , darling
yn salwch sy'n gwneud pobl yn sâl , ond mae hefyd yn eu gwneud yn Goleddu'r bob hyn o bryd , mae
pob wawr , pob machlud , bob cân maent yn ei glywed , pob gwenu maent yn ei weld , pob hug maent
yn ei roi a derbyn , pob gusan , bob dydd . "

Edrychais ar fy modryb a gofyn , " A ydych yn mynd i farw ? " Ymatebodd fy modryb , " Efallai y byddaf yn
gadael y ddaear , ond pan fyddaf yn ei wneud, nid wyf am i chi fod yn drist oherwydd pan fyddaf yn
gadael y ddaear byddaf yn dechrau fy mywyd newydd gyda Iesu yn y nefoedd . "

" Pan aeth Iesu tŷ prennau mesur a gweld y chwaraewyr ffliwt a'r dorf swnllyd meddai," Dos i ffwrdd nad
yw'r ferch yn marw, ond cysgu , ond maent yn chwerthin am ei ben . Ar ôl y dyrfa wedi eu rhoi y tu allan
aeth i mewn ac yn cymryd y ferch gan y llaw ac mae hi'n mynd i fyny . " Mathew 9 : 23-9 : 25

Ar ôl fy pedwerydd pen-blwydd fy hen fodryb a ddaeth i ben i fyny yn yr ysbyty . Dechreuodd derbyn
triniaeth chemo . Roedd hi wedi colli pwysau, ei gwallt , ac mae ei egni , ond nid yw ei hysbryd hardd . Yr
wyf yn cofio yn glir sut pryd bynnag y gwelais hi y byddai hi'n gwneud i mi chwerthin . Mae ei chorff wedi
newid , ond nid yw ei gwên hardd , ei bersonoliaeth cariadus , ac yn ei chalon ysgafn. Gwelais sut mae fy
nheulu wedi goresgyn y bwystfil a elwir yn ganser trwy ffydd , gweddi ac agosatrwydd . Hyd yn oed
mewn oedran cynnar dechreuais ddeall bod canser yn gallu byth atgofion dwyn, ysbryd person, cariad
teulu a ffrindiau, ond yn bennaf oll ffydd person. Yr wyf yn deall y byddai Iesu yn sefyll gan berson drwy
da a drwg , glaw neu haul , ofn neu ffydd .

Y wers bwysicaf ddysgais gan fy modryb oedd yr un fath Duw ar y mynydd oedd yr un Duw yn y dyffryn.
Gwelais Dduw trwy lygaid fy modryb . Gwelais yn ei amser mwyaf anobeithiol o angen pan ei bod yn
estyn allan at Dduw , ei fod yn cyrraedd dde yn ôl . "Bydd Duw byth yn gadael i chi . " , Mae hi'n dweud
wrthyf y tro diwethaf i mi weld hi erioed . " Ni waeth beth sy'n digwydd y bydd Duw byth yn gadael i chi .
'

Bu farw'r noson cyn fy modryb roedd gen i freuddwyd hardd. Cefais fy llyncu gan heddwch a chysur pan welais fy mraich cerdded iach a hapus modryb hardd a braich gyda Iesu . Mae fy modryb yn gwisgo , llifo ffrog hir , gwyn. Ei gwallt yn llawn ac yn drwchus ac yn curls bach . Mae fy modryb Gwenodd arnaf gan ddweud , "Trwy ei gleisiau ef yr wyf yn gwella ' . Yna, cusanu fi ar y pen.

Dywedais, "Hwyl modryb . " Y noson nesaf fy nain a fy tad bedydd gwylio fy hen fodryb cymryd ei anadl olaf .

Mae'r dydd rydym yn claddu fy hen fodryb roedd yn ddiwrnod gwanwyn prydferth . Blagur newydd blodeuo ar goed , persawr o lilacs a rhosynnau brith yr awyr , a haul melyn llachar gynhesu ein hwynebau . Oeddwn yn saith . Am dair blynedd fy nheulu wedi cael ei bondio cryfach hyd yn oed yn eironig gan ganser. Rydym wedi dysgu i wneud cyfrif bob dydd , sut i aberthu , ond yn bwysicaf oll pa mor bwysig oedd hi i weddïo fel teulu.

Yr oedd 23 Ebrill, 1981 a dywedasom ein ffarwel olaf i ferch a ysbrydolodd ni i fywyd bob dydd i ei eithaf . Roedd yn frwydr fy modryb gyda chanser oedd yn dysgu i mi ystyr yr ysgrythur hon . O Luc 12 : 8 " . Yn dweud wrthych pwy erioed yn fy cydnabod cyn ddyn a fydd y mab dyn hefyd yn cydnabod iddo gerbron angylion Duw" 23 Ebrill, 1981 , doeddwn i ddim yn wylo am fy modryb i fy mod yn gwybod ei bod wedi gadael y ddaear , ond wedi dechrau ei bywyd newydd gyda Iesu. Mae fy modryb Viola erioed wedi rhoi'r gorau ar weddi , ni ddaeth erioed chwerw , neu'n ddig , neu beio Duw am ei salwch. Mae hi mewn gwirionedd yn diolch i Dduw am adael iddi ddysgu bod canser yn ei haddysgu sut i fod yn gryf, ac yn mwynhau pob eiliad o fywyd gyda eich anwyliaid .

Pennod Dau

"Beth bynnag fydd yn digwydd cadw gadarn yn benderfyniad i wneud dim ond glynu at Dduw. ' St Francis De Gwerthiant.

Roedd fy nhaid Frederick oedd fy arwr. Pan oedd yn ŵr ifanc bu'n gweithio yn gwerthu pretzels yn Madison Square Garden am ychydig geiniogau y dydd. Yr oedd yn Almaeneg llym gydag ysbryd ymladd. Yr oedd yn rhoddwr gofal , nyrs gwrywaidd yn ystod yr ail ryfel byd . Mae gŵr a fyddai'n aberthu unrhyw beth am ei wraig. Mae tad a oedd yn neilltuo . Mae taid llawn o gyngor gwych, yn ffrind i bawb . Ef hefyd oedd yr ail berson yn agos i mi a oedd yn myned gyda chanser .

Fy nhaid Fred ddiagnosis o ganser y stumog ar ddiwedd y 1980au . Pan gafodd ddiagnosis ni na fyddai dim ond yn ei dderbyn . Roedd fy nhad-cu oedd y patriarch o'n teulu . Yr oedd yn ddyn cryf , dewr a oedd yn fwy na bywyd gyda'i chwerthin swmpus , a llais ffyniannus . Roedd yn rhyfelwr .

Ei fod oherwydd fy nhaid , oedd y dyn manly cryf na allai ein teulu yn unig yn derbyn bod canser wedi hawlio ei celloedd. Gyda'n gilydd fel teulu ddatgan rhyfel ar ganser fy nhad-cu .

Rydym wedi newid diet fy nhad-cu , rhoi cynnig ar bob meddyginiaethau amgen , gweddïo , a rhoddodd canser fy nhad-cu drosodd i Dduw. Rydym yn unig ni fyddai gadael canser hawlio ef. Grandpa yr un mor benderfynol o aros gyda ni wrth i ni yn benderfynol o gadw ef yma. Ei fod yn rhy ystyfnig i adael canser yn mynd ag ef i ffwrdd oddi wrth ei deulu . Treuliodd Grandpa ei ddyddiau cuddio ei boen oddi wrthym , felly ni fyddem yn ofni.

Rydym yn treulio ein dyddiau roi rheswm i aros yma grandpa .

" Cryfder ei eni yn y distawrwydd dwfn calonnau dioddefaint hir, nid yng nghanol llawenydd . ' Felicia Hemans .

Yr oedd yn union cyn diolchgarwch pan oedd fy nhad-cu rhan o'i colon dileu. Roedd y meddygon wedi rhybuddio ni y gallai nad oedd yn goroesi y llawdriniaeth. Ond rydym yn chwerthin yn wyneb eu rhybuddio. Nad oeddent yn gwybod pa mor fawr oedd ein Duw na pha mor gryf oedd fy nhad-cu . Daeth y dydd ar gyfer llawdriniaeth fy nhad-cu . Y teulu cyfan ac mae ein gweinidog a gasglwyd yn yr ysbyty . Rydym yn treulio saith awr yn gweddïo tra fy nhad-cu yn mynd o dan y gyllell .

Mae bron i wyth awr basio pan fydd llawfeddyg wedi blino ac yn blino yn cerdded allan o'r neu gyda dagrau yn ei lygaid yn dweud , "Mae'n ei gwneud yn , gwnaeth hynny." , Mewn llais llawen .

Pan welsom fy nhaid yn yr ystafell adfer mewn ceffyl a llais simsan meddai, "Rwy'n llwglyd " .

Roeddem yn gwybod ar y pryd grandpa yn mynd i fod yn iawn .

Ein teulu yn dathlu Diolchgarwch y flwyddyn honno mewn ysbyty Long Island . Rydym yn bwyta cinio Diolchgarwch oddi ar hambyrddau plastig ysbyty, ond roedd ein Diolchgarwch gorau erioed . Dychwelyd fy nhaid cartref dim ond tri diwrnod ar ôl cael llawdriniaeth fawr anhygoel ei holl feddygon .

Yr oedd un meddyg yn arbennig bod ei gyffwrdd fawr gan fuddugoliaeth fy nhad-cu . Mae dyn Iddewig , ei fod wedi gwrthod y syniad oedd yn bodoli Iesu ar hyd ei oes nes iddo gyfarfod â fy grandpa . Felly symud ar hyd y wyrth oedd ganddo gwelodd, meddyg hwn yn cwestiynu fy nhad-cu am ei ffydd flawless . Roedd fy nhad-cu wedi egluro yn syml iddo hynny yw yn hawdd i adnabod Iesu yn bodoli am ei fod ei weld ym mhob man roedd yn edrych . Yng ngolwg ei anwyliaid , yn y glaw , mewn blodau , yng ngoleuni'r lleuad . Roedd fy nhad-cu wedi rhannu gyda meddyg hwn ei hoff ysgrythur . " Bydd y rhai sy'n adnabod eich enw ymddiried ynoch i chi Arglwydd byth wrthod rhai sy'n ei geisio i chi . " Salm 09:10 .

Felly syfrdanu gan iachau fy nhad-cu yn rhoi y dyn Iddewig neilltuo ei galon i Iesu yn y presenoldeb dyn a iacháu Iesu oedd wedi ei myned gyda cam tri chanser y colon . Yn ddiweddarach ar y dyn dod â'i deulu i Grist hefyd . Aeth fy nhad-cu ymlaen i gael llawer o flynyddoedd hapus a llawen gyda'n teulu. Got nain a grandpa i ddathlu eu pen-blwydd 50 adnewyddu eu haddunedau mewn seremoni hardd , rhamantus . Ni fyddaf byth yn anghofio am gyhyd ag fy mod yn byw . Roedd 4 Chwefror, 1991 , roedd yn brynhawn eira . Aeth fy teulu agos i 05:00 màs gyda fy nain a thaid. Mewn eglwys fy neiniau a theidiau wedi mynychu am 40 mlynedd . Roedd fy nhad-cu yn dywysydd yno ac wedi trefnu y seremoni cyfan heb unrhyw un ohonom wybod hynny. Roedd wedi dweud wrth mom , dad , fy mrawd , ac i mi wisgo i fyny oherwydd ein bod yn mynd allan i ginio yn ein hoff fwyty Cyfeillgar ar ôl eglwys.

 Mae fy mrawd a minnau yn gyffrous iawn oherwydd ein bod yn caru yr hufen iâ yno. Roeddem wedi cyrraedd fy nain a thaid yn yr eglwys ar y prynhawn hwnnw eira. Yn ystod y màs sylwais fy nhad-cu yn gwenu o glust i glust .

Ar ôl màs fy nhaid ymddangosodd y syndod ar bob un ohonom. Roedd y dyn a oedd wedi goroesi canser y colon creulon got i lawr ar un pen-glin ac arfaethedig i fam-gu unwaith eto.

Roedd fy mam-gu a oedd ychydig pelen dân yn sefyll ar ddim ond pum troedfedd ac yn pwyso dim ond £ 100 . derbyn tearfully , ond yna taro fy nhaid chwareus ar ei ben ôl am beidio â dweud iddi beth oedd i fyny hefyd.

Ges i fod yn fy grandmas morwyn o anrhydedd, ac roedd fy nhaid fy mrawd fel dyn gorau wrth i ni tearfully , yn llawen , yn dyst sut y gallai priodas Crist canolbwyntio dioddef y rhan fwyaf o dreialon profi , y rhan fwyaf bwrw glaw yn arllwys a ffyrdd mwyaf sigledig .

Mae fy yn clywed yn dal i chwyddo gyda hapusrwydd gan fy mod yn cofio sut mae fy nhad-cu a elwir yn nain ei Florence Nightingale wrth iddo adrodd ei briodas addunedau eto. Sut ar ôl y seremoni hardd dros fod yn falch dweud wrth bawb sy'n bresennol yn yr eglwys sut y mae Duw yn wir iacháu ef.

Am flynyddoedd ar ôl fy nhad-cu ennill ei frwydr yn erbyn canser, cafodd i fwynhau adeiladu atgofion hyfryd , cafodd i weld ei wyrion graddio ysgol uwchradd , dawns llawer o polkas gyda mam-gu a chwarae nifer o ganeuon ar ei organau.

" Ffydd byth yn gwybod lle mae ei angen , ond mae'n caru ac yn adnabod yr un sy'n arwain . " Oswald Chambers .

Yr ail dro fy nhaid ddiagnosis o ganser yr arennau hwn bryd rydym unwaith eto datgan rhyfel .

Y tro hwn fy nhaid yn llawer hŷn a bregus yna yr olaf. Nid oes yr un ohonom , fodd bynnag, yn credu y byddai Duw yn syml yn penderfynu ei bod yn amser i grandpa i ddod adref .

Iechyd fy nhad-cu gostwng yn gyflym iawn . Roedd yn fater o wythnosau cyn iddo gael ei gwely marchogaeth a daeth fy mam-gu yn sawl sy'n cymryd gofal amser llawn. Rydym i gyd yn delio â ail frwydr fy nhad-cu â chanser yn ein ffordd bersonol ei hun. Roedd fy mam-gu yn syml yn gwadu, ac yn ddiffuant yn credu y byddai grandpa yn gwella. Roedd fy nhad , cymerodd unig blentyn fy grandpa yn rôl fy nhad-cu fel patriarch teulu yn ddifrifol iawn ac yn ei roi ar wyneb dewr .

Mae rhai ohonom yn teimlo fradychu gan Dduw a daeth yn ddig ac yn caledu .

Yn bersonol yr wyf yn ceisio bargeinio gyda Duw . Bob nos byddwn yn gweddïo " os gwelwch yn dda Dduw os ydych yn gwneud fy grandpa yn well byddaf yn mynd i'r eglwys bob dydd Sul , byddaf yn rhoi fy holl PayCheck at yr eglwys, neu beth bynnag y dymunwch . " Fi 'n weithredol yn meddwl y gallwn i llwgrwobrwyo Duw i iachau fy nhaid . Roeddwn i'n meddwl y gallai gweithredoedd caredig achub fy nhad-cu . Yr hyn nad oeddwn yn sylweddoli yw bod Duw oedd mewn gwirionedd yn arbed fy nhaid o boen o dioddef o ganser anymore .

Salwch fy nhad-cu yn un hir ac yn galed iawn. Yr oedd i mewn ac allan o'r ysbyty , i mewn ac allan o hosbis , yn olaf ar cynnal bywyd . Rydym yn gwylio hyn yn fwy na dyn bywyd yn colli ei annibyniaeth , urddas , a rhyddid.

 Fel rhoddwyr gofal a dysgu bod bwynt wedi dod yn rhaid i chi i adael i fynd ar eich anwyliaid fel y gallant fod mewn heddwch . Byddwch yn dysgu i dderbyn duwiau fydd. Byddwch yn dysgu fod bod yn flin neu'n chwerw neu fargeinio gyda duw neu dagrau nid yn unig yn gweithio.

 Mae fy nhad-cu yn ei ddyddiau olaf dysgu ni bod y rhodd yn y pen draw o gariad y gallwch ei roi i berson sydd â chanser yw'r anrheg derbyn. Derbyn nad oes neb yn byw am byth , yn derbyn bod canser na all ddwyn i chi am y cariad sydd gennych ar gyfer y person hwnnw, yn derbyn bod marw yn unig ffurf arall o fyw , ac yn derbyn y bydd eich hoff un yn iawn os ydych yn iawn gyda eu diagnosis .

 Pan oedd fy nhaid yn marw rydym yn ei ddefnyddio i edrych ar luniau teulu y tro y byddwn yn treulio gyda'i gilydd . Wrth i ni edrych ar y lluniau hynny doeddwn i ddim yn sylweddoli tan ar ôl iddo gael ei mynd un bob tro rwy'n ei gofio fy mod yn dathlu ei fywyd . Yr wyf yn gosod ngoleuni ei ysbryd ddisgleirio i mewn i'r byd .

Pennod 3

Fel un sy'n rhoi gofal Yn bersonol, dysgu bod heddwch ond yn dod ar gyfer eich anwyliaid a chi pan rydych yn dysgu i dderbyn yr hyn mae'n rhaid i fod. Pan fyddwch yn gwastraffu eich amser yn chwerw neu'n ddig , neu bargeinio gyda duw, neu'n ymladd dros y diagnosis meddygon, eich bod yn cymryd i ffwrdd amser gwerthfawr gyda eich hoff un .

" Gweddi A un sy'n rhoi gofal yn "

" Arglwydd wyf yn gweddïo ar eich angylion yn rhoi nerth i mi pan fyddaf yn wan . Mae ffrind i yn dal i mi pan fyddaf yn teimlo'n unig . A derbyn calon pan fyddwch yn ffonio fy annwyl un cartref heddychlon . Gadewch fy annwyl disgleirio etifeddol rhai yn fy llygaid , gadewch eu caredig a thyner y galon yn fyw yn fy geiriau a gweithredoedd . Amen . "

"Mae'n yw pan fydd yn ymddangos i Dduw wedi ein adawyd bod yn rhaid i ni roi'r gorau ein hunain fwyaf yn gyfan gwbl iddo. ' F.Fenelon

Pan fu farw fy nhad-cu roedd bron fel y gwnaeth fy mam-gu hefyd . Mae fy nhad-cu farw ar 5 Gorffennaf, 1995 . Roedd yn olaf ei osod am ddim pan lofnododd fy nain y gorchymyn DNR ar ôl wythnosau o weddïo i Dduw i arwain ein teulu. Bu farw y diwrnod fy nhad-cu roedd yn ddiwrnod Haf greulon boeth ac yn ddiflas . Yn eironig neu efallai yn drugarog i ni gyrraedd i'r ysbyty i weld fy nhad-cu yn hwyr y diwrnod hwnnw. Am wythnosau rydym wedi bod yn mynd i'r ysbyty ar amser penodol i ymweld grandpa .

Yr oedd ar y diwrnod hwnnw bod fy mom wedi cael ofalwr ei hun ar gyfer yr sâl yn feddyliol i weithio goramser ar ei swydd .

Rydym wedi aros am fy mom i fynd allan o waith er mwyn i ni i gyd yn gyrru i'r ysbyty gyda'i gilydd .

Pan fyddwn yn cyrraedd y pedwerydd llawr yr ysbyty y drws i ystafell fy nhad-cu ar gau dynn.

Mae nyrs ifanc yn ein cysylltu gyda wyneb difrifol iawn yn dweud , " Mae'n ddrwg gen i Fred farw yn awr yn ôl . " Syrthiodd Nain ar wahân . Mae cael gyflwr y galon roeddem yn ofni ei bod yn mynd i gwympo. Ar ôl tawelu hi i lawr byddem ni'n ei alw gweddill ein teulu i ddod ffarwelio â Grandpa . Rydym yn disgwyl iddynt gyrraedd ac yna aeth i mewn i ystafell grandpa ynghyd .

Er mwyn ein grandpa syndod yn edrych yn gyfan gwbl ac yn gwbl mewn heddwch .

Gan ein bod yn cynllunio ein teidiau angladd fy mam , nain , ac fe ges un yn fwy rhodd yn y pen draw o gariad oddi wrth Dduw a fy nhad-cu . Rydym wedi mynd i mewn i siop flodau i brynu blodau ar gyfer yr angladd .

Mae fy mam-gu caru blodau. Mae ei iard gefn yn edrych fel gardd fotanegol . Hoff liwiau fy nhad-cu yn melyn a choch . Ar ôl i ni dewis allan y blodau ar gyfer yr angladd a thalu amdanynt roeddem yn cerdded allan o'r siop flodau pan fydd y perchennog yn ein galw yn ôl . Roedd yn rhoi fy nain rhosyn melyn , ac mae fy mom ac yr wyf yn goch rhai. Nad oedd yn gwybod hynny yn hoff liwiau fy nhad-cu !

Nid yw fy mam-gu yn ei phoen yn ddwfn iawn oedd yn gweld yr hyn a welsom yn y rhodd y blodau tan wythnos yn ddiweddarach. Cafodd fy nhad-cu angladd milwrol llawn ar 7 Gorffennaf, 1995 , a chladdwyd ef ym mynwent cenedlaethol Calverton ar Long Island , Efrog Newydd.

Ar ôl i ni claddu Grandpa , nain yn teimlo ei ben ei hun mewn ystafell orlawn . Ni allai roi'r gorau i crio, ym mhob man mae hi'n edrych atgofion o fy nhaid bwganod ei enaid. Daeth Mam-gu yn isel iawn.

Rydym yn bryderus iawn am ei . Ar ôl ychydig fisoedd nad nain yn mynd yn well. Nid tan nain un diwrnod yn darllen ei Beibl a ysgrythur troi ei dagrau o alar i iachau glaw. Yr Ysgrythur oedd john 14:01 "Peidiwch â gadael i'ch calon yn cael ei cythryblus , ymddiried yn Nuw , ymddiriedolaeth hefyd yn fi. "

Ymddiriedolaeth , mae'n rhaid i ni ymddiried yn ein dagrau . Fel rhai sy'n rhoi gofal nid yw ein dagrau yn arwydd o wendid neu alaru angenrheidiol . Gall ein dagrau dagrau fod yn derbyn , o iachau , o heddwch . Mae'n berffaith dderbyniol i wylo . Mae'n anrheg i adael ein hanwyliaid crio . Gan fod rhai sy'n rhoi gofal , mae'n bwysig cael allfa ar gyfer ein teimladau neu ein hofnau . Chwilio am eraill i siarad os ydych yn teimlo dros whelmed , mae angen cyngor neu dim ond ysgwydd i bwyso ar . Gymaint ag yr ydym am fod yn Superman nid ydym yn . Rydym yn unig dynol .

Rhaid inni gofio hefyd fel rhai sy'n rhoi gofal y mae'n rhaid inni roi ein hanwyliaid yn mynegi eu teimladau . Hyd yn oed er y gall fod yn anodd i ni glywed . Gadewch eich anwyliaid yn siarad am eu hofnau , mae dymuniadau, eu bywydau. Mae'n iach i gael crio dda gyda'i gilydd.

Pennod 4

" Ar ôl i chi ddewis gobeithio unrhyw beth bosibl . " Christopher Reeve .

Gobeithio ei fod yn arf dirgel claf canser yn erbyn dyddiau tywyll unig . Gan fod fy hen ewythr Willie a osodwyd mewn ysbyty marw o obaith canser yr ysgyfaint daeth ei ffrind gorau . Fel fy nhaid , fy ewythr oedd yn ddyn cryf a balch . Mae gweithiwr caled a oedd yn darparu ar gyfer ei deulu . Roedd Uncle Willie yn gyn cigydd , ar un adeg yn ei ddyddiau iau iddo gyrru tîm o geffylau . Cafodd ei ddiagnosis o ganser pan oedd yn 85 mlwydd oed. Fel fy nhaid fy ewythr oedd yn ymladd brwydr golli â chanser.

Nid fel ei gorff gwanhau wnaeth ei feddwl . Llunio Uncle Willie gynllun i ddarparu ar gyfer ei deulu cyn iddo basio , i adael inni obeithio ôl iddo gael ei mynd. Wrth i ni ymweld â gyda fy niwrnod ewythr marw ar ôl dydd atgoffodd ni pa mor arbennig yr oeddem iddo ac i dduw .

Roedd yn rhannu gyda ni hanes teulu i gael eu trosglwyddo i lawr i genhedlaeth newydd . Gan fod rhai sy'n rhoi gofal , mae'n bwysig bod yn gludwyr ein gwreiddiau teuluol , hanes teuluol a storïau. Mae'n bwysig ein hanwyliaid gwybod y bydd hanes teulu yn byw ar . Fel rhai sy'n rhoi gofal y gallwn ni gadw hanes ein teulu drwy wneud i fyny llyfrau lloffion , yn cofnodi ein hanwyliaid , ysgrifennu ein meddyliau hanwyliaid ar bapur , neu wneud albwm lluniau . Mae'n helpu ein hanwyliaid gwybod y bydd gobaith yn cael ei basio i lawr . Roedd Uncle Willie brwydr byr iawn gyda chanser , ond y wers a ddysgwyd oddi wrth ei frwydr yw bod angen gobaith bawb.

Hanes ein teulu yn cynnwys straeon o obaith . Gobaith o weld ein breuddwydion llwyddo , gobaith o ddod o hyd bod rhywun arbennig , yn gobeithio y bydd ein plant yn tyfu i fyny yn hapus ac yn iach .

" Rydych wedi cael i fyw bywyd yn meddwl am y peth . Camu i mewn i'r niwl o bethau. Ceisiwch ac yn methu a sefyll a chariad a dysgu a maddau , ac anghofio , a bod yn feiddgar , a ddim yn byw mewn ofn . "Dyma'r wers a ddysgais gan fy ffrind llawn swigod a ffyddlon Diana tra ei bod yn mynd ei brwydr â chanser yr iau .

Cyfarfu Diana ac yr wyf wrth weithio gyda'i gilydd mewn caffi collage . Roedd Diana hwn enaid gariadus anhygoel a gafodd calon ifanc , rhoddodd y cyngor gorau , ac yn gwneud hyn yn i farw ar gyfer salad cyw iâr . Diana oedd y prif gogydd yn y caffi . Pan ddywedodd Diana wrthyf ei bod wedi cam tri canser yr iau roeddwn yn ar golled am eiriau . Doeddwn i ddim yn gwybod beth i'w ddweud , neu sut i ymddwyn o gwmpas yr Diana . Wyf yn syrthio yn syth i rôl sy'n rhoi gofal.

Roedd Diana yn ferch annibynnol. Roedd hi'n gerddwr a gerddodd bum milltir y dydd , roedd hi'n llawer hŷn na mi, ond yr wyf byth yn gwybod ei hoedran . Pan gyrhaeddodd Diana sâl dechreuais i fam ac yn tagu hi. Dechreuais i dorf hi. Mae'r fenyw annibynnol sydd bob amser yn cymryd gofal am ei hun dechreuodd ddig sut yr wyf yn ei thrin . Doedd hi ddim eisiau cael eu babied .

Un diwrnod pan oeddwn yn ymweld â Diana yn ei fflat , yr wyf unwaith dechreuodd i ofalu am ei . Roeddwn yn codi pentwr o golchi dillad budr ei i wash.Diana got mad ar mi ddweud , " Pam yr ydych yn fy nhrin fel hyn ? " Mae ei eiriau stopio mi yn fy traciau . Gan droi at Diana atebais yn onest , " Oherwydd eich bod yn sâl. "

Eistedd Cariadus Diana fi i lawr . " Patti , weithiau y peth gorau y gallwch chi ei wneud ar gyfer person sydd â chanser yn ddim byd o gwbl. Weithiau, dim ond bod gyda nhw yw'r unig beth y gallwch ei wneud . " Dywedodd .

Ar y hyn o bryd geiriau Diana treiddio fy benglog trwchus . Mae pobl sydd â chanser yn dal yn awyddus eu hannibyniaeth . Nid ydynt am eu dewisiadau gymryd i ffwrdd oddi wrthyn nhw dim ond oherwydd bod yn sâl . Weithiau fel rhai sy'n rhoi gofal yr ydym yn tueddu i feddwl bod yn rhaid inni wneud popeth ar gyfer claf canser, ond nid yn unig yn wir.

Mae pobl sydd â chanser am gadw eu hannibyniaeth , mae rhyddid, mae dewisiadau am gyhyd ag y gallant .

Fel rhai sy'n rhoi gofal mae'n rhaid i ni barchu eu hawl i ddewis . Dewis eu penderfyniadau eu hunain ar ofal iechyd , dymuniadau terfynol , a phethau pwysig eraill. Fel rhai sy'n rhoi gofal gennym weithiau i ddysgu wrth gefn i ffwrdd ac yn rhoi ein lle hanwyliaid . Weithiau, y peth gorau y gallwn ei wneud yn wirioneddol dim byd o gwbl .

Byd-enwog rysáit salad cyw iâr Diana .

2 becynnau o frest cyw iâr heb esgyrn

1 winwnsyn mawr wedi'i dorri trwchus

4 coesyn o seleri wedi'i dorri'n fân

2 domato mawr wedi'u sleisio

4 llwy de o fêl

3 llwy de o halen a phupur Eidaleg

 1 phicl dil wedi'i dorri

 5 llwy de o mayonnaise .

Wedi'u coginio cyw iâr mewn pot o ddwr berwedig am awr a hanner .

Gadewch i oeri cyw iâr am 20 munud.

Cyw iâr dis .

Mewn powlen gymysgu fawr yn ychwanegu mêl , mayonnaise , winwns , phicl , halen a phupur Eidaleg, seleri a thomato .

Ychwanegu cyw iâr .

Cymysgwch y mayonnaise dwy lwy de mwy.

Gadewch iddo ymlacio un awr cyn ei weini .

Gellir ei weini ar fara rhyg neu gracers gwenith cyfan.

Pennod 5

"Mae'n gosod i mi mewn ychydig o cawell i ffwrdd o ardd yn deg ond mae'n rhaid i mi ganu caneuon melys am ei fod yn gosod fi yno . Ddim yn curo fy adenydd yn erbyn y cawell ei fod yn fy gwneuthurwyr bydd ond yn codi fy llais at giât nefoedd ac yn canu uwch o hyd . " Kyle Sweet .

Hwn oedd y gerdd ysbrydoledig fy ffrind annwyl Kyle adrodd drosodd a throsodd i'w helpu i gael drwy'r boen o fyw gyda chanser yr ofari . Kyle ac yr wyf erioed wedi cwrdd yn bersonol. Hi oedd y wraig canwr roc Cristnogol o fand yr wyf yn edmygu tyfu i fyny. Roedd Kyle fy pal ysgrifbin . Roedd Kyle y chwaer fawr Dwi byth wedi. Mae ein cyfeillgarwch blodeuo o fod yn ffrindiau gohebol i chwiorydd ysbrydol .

Roedd Kyle Rae yn ysbrydol iawn , gan roi , yn garedig, a chariadus person. Pan oeddwn yn mynd drwy'r cyfnod anoddaf yn fy mywyd oedd Kyle a'i gŵr Michael yno i mi . Maent yn cyrraedd allan i mi ac yn wir yn enghraifft o gariad Crist ar y ddaear .

Er nad oeddwn yn rhoi gofal uniongyrchol i Kyle Yr wyf yn dysgu llawer o wersi gan ei frwydr yn erbyn canser. Yn wahanol i'r bobl eraill Rwyf wedi adnabod a derbyn gofal gyda chanser Kyle frwydr yn un gyhoeddus iawn .

Roedd Kyle i ymladd canser bob dydd gyda chamerâu a gohebwyr o amgylch ei . Gallai bod yn artist cyfansoddiad enwog a gwraig o ganwr o fand roc Kyle wedi ymdrybaeddu mewn hunan -dosturi neu defnyddio ei frwydr i wneud i bobl deimlo'n flin am ei theulu , ond nid oedd Kyle . Kyle fy ffrind annwyl defnyddio ei frwydr i helpu eraill ymladd canser.

Siaradodd Kyle yn agored am ei frwydr . Mae hi'n rhannu'r holl ei bod yn mynd drwyddo. Drwy werthu cds ei gŵr o'r enw " cyffwrdd . " Mae hi'n codi arian ar gyfer ymchwil canser ac arian ar gyfer Dana Sefydliad Canser Faber yn Massachusetts.

Daeth Kyle yn ysbrydoliaeth i ei ffrindiau ond mae pobl o amgylch y byd , nid yn unig .

Defnyddio Kyle cerddoriaeth, barddoniaeth hardd, ac ysgrythur i gyffwrdd bywydau pobl ac iacháu'r galon torri.

Ysbryd Kyles , ei gynhesrwydd , bydd ei haelioni yn byw am flynyddoedd lawer i ddod . Gan nad wyf yn byw yn yr un cyflwr â Kyle nid oeddwn yn gallu bod yn rhoddwr gofal uniongyrchol o'i anghenion corfforol ond yr oeddwn yn un sy'n rhoi gofal ar yr un pryd . Sut y byddwch yn gofyn?

Nid oes rhaid i ni fod gyda'r person yn gorfforol i fod yn un sy'n rhoi gofal . Gallwn fod yn un sy'n rhoi gofal ar gyfer eu hanghenion emosiynol , ysbrydol , neu ariannol.

Ar gyfer Kyle mi ddod yn rhoddwr gweddi. Yr wyf yn gweddïo am Kyle ar amser penodol bob dydd . Weithiau, bydd y rhodd mwyaf pwerus y gallwn ei roi i berson yw dim ond gweddïo ar eu cyfer.

I wneud dim ond gwrando yn rhodd i gyd ei ben ei hun . Os oes gennych chi ffrind neu berthynas sydd yn mynd drwy frwydr hon ac nad ydych yn gallu bod gyda nhw yn gorfforol mae llawer o ffyrdd y gallwch helpu. Ffordd arall yr wyf yn cefnogi fy ffrind Kyle oedd yr wyf yn gwneud y pwynt i anfon ei cerdyn e-bost , neu lythyr bob wythnos .

I rywun yn brwydro yn erbyn y clefyd hwn weithiau cyfan sydd ei angen yw cael llythyr neu gerdyn i wneud byddai yna ay ychydig yn fwy hapus . Gallwch hefyd helpu yn ariannol . Nid wyf yn awgrymu eich bod yn talu biliau meddygol, ond mae pethau bach sy'n ychwanegu hyd i lawer pan teulu yn gofalu am rywun sydd â chanser .

Isod ceir rhai awgrymiadau ar sut i helpu .

1 . Anfonwch y teulu cerdyn anrheg i siop fwyd lleol fel y gall y teulu a'r claf yn rhannu pryd o fwyd arbennig gyda'i gilydd.

2 . Os yw'r claf yn mynd am chemo trin y claf i bathrobe a sliperi newydd. Bydd hyn yn gwneud y claf yn teimlo fel miliwn bychod .

3 . Nid yw llawer o bobl yn gwybod bod pan fydd person yn mynd drwy driniaeth na allant gwisgo persawr , neu fod yn o amgylch llawer o wahanol arogleuon . Blodau yn neis ond weithiau mae'n gwneud y sâl cleifion. Felly, yn lle prynu blodau ond mae'r claf yn chwaraewr cd ac un o'u hoff cds . Bydd hyn yn helpu i leddfu eu henaid gan eu bod yn mynd trwy driniaeth .

4 . Os bydd y claf yn rhiant anfon y plant cerdyn rhodd i ffilm ac yna trefnu i gwarchodwr cyfrifol i fynd â'r plant i'r ffilmiau fel y gall y claf ac mae partner yn rhannu rhywfaint o amser ansawdd gyda'i gilydd .

5 . Cynnig i dalu am wasanaeth forwyn am wythnos felly bydd y sawl sy'n rhoi gofal yn cael un peth yn llai i boeni amdano.

6 . Os ymwneud â grŵp eglwys trefnu rhai pobl i wneud rhywfaint o waith iard neu goginio rhai prydau bwyd.

7 , Cynnig i dalu am werth ' wythnosau o nwy ar gyfer y teulu neu'r claf i fynd yn ôl ac ymlaen at y meddyg neu'r ysbyty .

8 . Talu am y garej parcio neu dollau .

9 . Gynnig talu am bresgripsiwn neu un gyflenwi meddygol .

10 . Cynnig i eistedd gyda'r claf am awr neu ddwy fel y gall y sawl sy'n rhoi gofal gael rhywfaint o amser i decompress .

Mae'r rhain yn gamau bach y gallwch eu cymryd i helpu rhywun annwyl .

Mae'r canlynol yn rhestr o leoedd y gallwch roi rhodd cariad i gynorthwyo yn y frwydr yn erbyn canser.

1 . Lein Sefydliad Canser Faber Dana Place llinell 10 nant i'r gorllewin 6ed nant llawr , Massachusetts 02445 Attn . partneriaid mewn dewrder .

2 , . Ymchwil Canser y Fron 60 dwyrain 56 th Street 8fed llawr Efrog Newydd, Efrog Newydd 10022

3 . Ymchwil Canser Pediatric 9272 Jerome ydd . SUITE A - 107a Irvine , Llo 92618

4 . Cronfa Canser America [813] 490 -4700

Pennod 6

" Yn awr, bydd y Duw gobaith eich llenwi â llawenydd a thangnefedd wrth gredu y gallech yn gyffredin mewn gobaith trwy nerth yr Ysbryd Glân. " Rhufeiniaid 15:13

Pan wnes i gyfarfod fy ngŵr Anthony rydym yn gweithio gyda'n gilydd mewn ffatri . Dim ond wythnos ar ôl cwrdd fy coworker Anthony newydd iddo adael y ffatri i weithio yn swydd arall . Doeddwn i ddim yn gweld Anthony eto am 10 mlynedd pan fyddwn yn cyfarfod unwaith eto ar ddyddiad ddall .

Cawsom ein dyddiad cyntaf yn rhuddem Dydd Mawrth . Yn ystod ein dyddiad cyntaf rydym yn darganfod oedd gennym lawer o bethau yn gyffredin. Daethom yn anwahanadwy syrthiodd mewn cariad yn gyflym , a got cymryd rhan dim ond dau fis ar ôl cael ein tro cyntaf date.The cyntaf i mi gyfarfod gynnes deulu Anthony yn draddodiadol , , mawr Eidaleg yr wyf yn teimlo yn syth derbyn.

Rhieni Anthony , brodyr a chwiorydd , modrybedd , ewythrod , cefndryd a daeth yn rhan o fy nghalon , daethant yn rhan o bwy ydw i.

Anthony a wyf yn priodi ar 17 Hydref, 1999 mewn eglwys gwlad fach ar ben dwyreiniol Long Island . Roedd yn ddydd yn dod yn berffaith . Mae'r dail wedi dechrau newid lliwiau , roedd oeri gras yn yr awyr , ond nid oedd yn y gaeaf eto . Fall cofleidio ni fel hen ffrind.

Ar y diwrnod perffaith Hydref wyf yn cerdded i lawr yr eil gyda fy mom a dad yn fy ochr yn fy ffrog briodas gwyn hir yn llifo fel ein cyfarwyddwr côr eglwysi canu Ava Maria . Gwelais wynebau fy anwyliaid beaming gyda chariad , golau , a llawenydd .

Mae dau o wynebau hynny yn fy mom chwaer hŷn Roberta ac ewythr fy ngŵr Al , y ddau ohonynt yn gariadus eneidiau ac roedd y ddau yn brwydro yn erbyn canser .

Roedd Modryb Roberta canser yr esgyrn . Roedd Uncle Al canser yr arennau . Yn fy briodas ddwy ochr fy nheulu yn cael eu bendithio i wedi gwneud rhai atgofion gwych y diwrnod hwnnw. Roedd ar fy briodas ein bod yn darganfod bod chwaer Anthony Christen yn feichiog gyda'i merch gyntaf Kassidy Rose .

Yr oedd hefyd yn fy briodas bod modryb ac ewythr Roberta Al yn gallu mwynhau'r amser carefree gwych , hudol , gyda'u teulu a'u ffrindiau.

Gan fod rhai sy'n rhoi gofal , mae'n bwysig iawn i ni sylweddoli bod angen system mawr , cryf, cefnogaeth i'r claf. Teuluoedd, anwyliaid , ffrindiau , cymdogion , aelodau eglwys, a ffrindiau dosbarth ddylid caniatáu i ymweld â'r claf am gyhyd ag y dymunant , gymaint o weithiau ag y dymunant .

Fel rhai sy'n rhoi gofal mae'n rhaid i ni roi ein gwahaniaethau personol o'r neilltu gydag aelodau eraill o'r teulu fel y gall y claf yn mwynhau pob aelod o'u teulu.

Mae'n bwysig i ni fel rhai sy'n rhoi gofal i sylweddoli bod yw'r claf yn dymuno teithio , ewch i ddigwyddiad i'r teulu , yn ymweld â ffrind , mynd i'r eglwys , na ddylent fod yn gyfyngedig i wneud hynny.

Fel rhai sy'n rhoi gofal rydym yn tueddu i fod eisiau i warchod neu gadw'r ynni y claf rhag ofn os ydynt yn overexert hunain neu yn cynhyrfu efallai y byddant yn mynd yn salach neu'n torri. Ddim yn wir .

Os yw'r claf yn dymuno i fynd a chael picnic , mynd i nofio yn y môr , yn mynd i barti , ewch i gyngerdd roc, gadewch iddynt . Mae'n dda ar gyfer eu henaid . Mae'n bwysig nad ydynt yn cael eu hatgoffa 24 awr y dydd, 7 diwrnod yr wythnos bod ganddynt ganser.

Rhaid i ni ddysgu na allwn reoli'r canser ond rheoli'r claf . Canser yn yr hyn ydyw . Ni ddylai rhaid i'r cleifion i roi'r gorau i fyw oherwydd bod ein hofnau eu hatal rhag gwneud hynny .

Pennod 7

"Nid yw'r bond sy'n cysylltu eich gwir teulu o waed , ond o barch a llawenydd mewn bywyd ei gilydd. " Richard Bach

Mae gan bawb rhywun yn eu bywyd sy'n eu hysbrydoli i fawredd . I mi yn bersonol , mae'n dduw , fy rhieni , fy neiniau a theidiau, ac mae fy athro pedwerydd gradd, Mrs Esteves .

Tyfu i fyny oeddwn yn fyfyriwr addysg arbennig sydd ag anabledd dysgu dyslecsia . Yr oeddwn yn pigo arnynt , eu bwlio , ac nid oedd yn cael llawer o hunan - hyder , hyd nes y daeth Mrs Esteves i mewn i fy mywyd .

Gwelodd Mrs Esteves ynof y rhodd oedd gennyf ar gyfer ysgrifennu . Tanwydd Mrs Esteves fy angerdd ar gyfer ysgrifennu gan fy annog a fy helpu i oresgyn fy dyslecsia . Roedd Mrs Esteves yn ffrind cywir. Rhywun sy'n rhoi'r crys oddi ar ei gefn i helpu rhywun sydd mewn angen. Bu'n athrawes mawr.

Hir ar ôl i mi ddod yn grad ysgol uwchradd Mrs Esteves a'i gŵr yn cadw mewn cysylltiad gyda fy nheulu a minnau drwy lythyrau, negeseuon e-bost a galwadau ffôn .

Hyd yn oed ar ôl Mr a Mrs Esteves wedi ymddeol ac yn symud i lawr i Florida eu bod yn dal i fod yn rhan enfawr o fy mywyd . Mae'r cwpl cariadus hyd yn oed yn mynychu fy briodas .

Un bore gwanwyn es i fy blwch post agor i fyny a dod o hyd i lythyr oddi wrth Mrs Esteves tu mewn. Cael un o lythyrau Mrs Esteves bob amser yn gadael i mi gyda theimlad sunshiny cynnes . Ac eithrio y llythyr penodol . Mae fy nghalon suddo wrth i mi ddarllen y geiriau , "Mr Esteves wedi cael diagnosis o ganser y gwaed. "

Yr wyf yn rhedeg yn y tŷ ysgwyd oherwydd arall eto fy anwyliaid wedi cael diagnosis .

Yr wyf yn torrodd y newyddion trasig i fy ngŵr a rhieni. Cawsom i gyd crio da. Tossing a throi yn fy ngwely y noson honno na allwn i gysgu. Rhywbeth a ddywedodd Mrs Esteves yn y llythyr yn bwyta i ffwrdd ar mi .

Ar ôl iddi torrodd y newyddion bod ei gŵr annwyl ganser gofynnodd i mi i beidio ysgrifennu ei unrhyw mwy.

Nid oeddwn yn deall pam. Beth oedd wedi i mi wneud o'i le ?

" Ffrindiau da yn debyg sêr. Nid ydych yn bob amser yn eu gweld ond bob amser yn gwybod eu bod yno . "

Am wythnosau oeddwn yn isel bod Mrs Esteves yn cau fi allan ar y tro oedd ei angen arni ei ffrindiau fwyaf. Yr wyf wedi ysgrifennu ei sawl gwaith ar ôl derbyn ei llythyr . Doedd hi ddim yn ysgrifennu yn ôl . Mae ei distawrwydd rhwygodd ar wahân fy nghalon . Yr wyf yn gweddïo am ei a Mr Esteves . Roeddwn i eisiau i Dduw roi ateb ynghylch pam nad oedd hi eisiau i mi yn ei bywyd unrhyw mwy i mi . Daeth yr ateb oeddwn yn ceisio mewn ffurf prin ac annisgwyl .

Un o fy hen ffrindiau dosbarth wedi edrych fi i fyny ar-lein ac yn cysylltu â mi . Roedd yn gyd-ddisgybl oedd unwaith wedi bod yn rhan fawr o fy mywyd , ond cawsom dim yn gyffredin anymore . Fel yr wyf yn gwrando ar fy daith classmate ymlaen am ei swydd ddiflas i mi sylweddoli nad oedd Mrs Esteves yn ceisio brifo fi pan ysgrifennodd hi beth roeddwn i'n meddwl oedd ei llythyr terfynol i mi. Roeddem yn rhan brydferth o orffennol ei gilydd ond yn wynebu dau dyfodol gwahanol iawn.

Roedd Mrs Esteves dod yn ofalwr llawn amser yn ceisio i wasgu ym mhob funud olaf y gallai hi gyda'i gŵr . Oeddwn yn teithio i lawr ffordd wahanol iawn. Fy nyfodol yn llawn dyheadau a chynlluniau.

Dyfodol Mrs Esteves oedd yn llawn o bryder , aberth , a gofalu am ŵr sâl.

Yr wyf yn dysgu oddi wrth frwydr Mr Esteve gyda chanser bod weithiau y peth yn symud y gallwch ei wneud yw i gamu allan o fywyd unigolyn ac yn rhoi y gofod nhw tra eu bod yn mynd drwy'r daith hon. Weithiau maent yn jyst angen amser . Weithiau, dim ond angen iddynt ei ben ei hun i chyfrif i maes 'na ffordd drwy'r ddrysfa o boen a dryswch .

Doeddwn i ddim yn clywed gan Mrs Esteves am ddwy flynedd . Ac yna un diwrnod mi agor y blwch post i ddod o hyd i lythyr oddi wrth ei .

Roedd Mr Esteves mynd i fod gyda'r arglwydd . Roedd Mrs Esteves dod o hyd ei ffordd yn ôl i'r person yr oedd cyn ganser rhoi ei fywyd ar y tro. Rwy'n gwybod nad yw'n hawdd gweld rhywun yn cael trafferth gyda'r bwystfil a chael eu cau chi allan . Gall ymddangos fel eu bod yn cael eu hunanol neu gymedrig ond nid ydynt yn . Maent yn unig angen amser i lywio drwy'r dyfroedd codi tâl eu bod yn nofio drwy .

" Iesu iacháu llawer sy'n cael clefydau amrywiol . " Mark 01:34 .

Weithiau, bydd y gwersi mwyaf pwysig mewn bywyd yw'r rhai mwyaf poenus .

Yn y broses o ysgrifennu'r llyfr wnes i gyfarfod dyn , dieithryn ar y stryd a cyffwrdd fy nghalon mor ddwfn nad oeddwn yn gallu gadael i hyn o bryd basio heb sôn ef. Ei enw oedd Peter . Peter yn ôl pob tebyg yn ei dridegau cynnar. Yr oedd mewn cadair olwyn ac wedi goroesi saith o wahanol fathau o ganser .

O'r hyn o bryd yr wyf yn cwrdd â Peter roeddwn i'n teimlo ei egni cadarnhaol sy'n llifo trwyddo ef. Yr oedd Peter yn frawd mawr , yn rhedeg ei gwmni ei hun , a phrynu cadeiriau olwyn ar gyfer pobl na allai eu fforddio . O flaen siop lyfrau Cristnogol lle cwrddais Peter dysgodd i mi gwers werthfawr iawn wrth faddeuant.

Wrth i ni sgwrsio Peter dangos i mi pan gafodd ddiagnosis o ganser ni allai ei wraig yn delio ag ef a'i adael am ddyn arall . Pan ofynnais Peter os oedd yn gallu faddau i'w wraig oedd yn edrych ar ataf a dweud , "Os Iesu yn gallu maddau fy mhechodau, ni ddylwn i faddau rhywun arall ? "

Wrth i ni siarad am faddeuant , datgelodd Peter i mi pa mor bwysig oedd hi i iddo wybod ei fod yn gallu i faddau holl bobl yn ei fywyd a oedd wedi brifo ef, a sut yr oedd angen ei maddeuant gan y bobl yr oedd yn brifo .

Mae hyn yn dod â mi at gasgliad pwysig iawn, fel y rhai sy'n rhoi gofal yr wyf yn credu bod angen i sicrhau bod y bobl yr ydym yn gofalu am yn gwybod ein bod wedi maddau iddynt am y gorffennol brifo , camgymeriadau , a dal dig .

Mae maddeuant yn bwerus iawn. Os oes gennych salwch terfynol ac yn teimlo fel eich bod yn anfaddeugar ar gyfer rhywbeth yr ydych wedi ei wneud bydd yn eich gadael mewn helbul ac ni fydd eich calon fod mewn heddwch . Os ydych yn delio â chlefyd fel canser yr wyf yn credu bod y rhodd gorau y gallwch chi roi eich anwyliaid yw maddau iddynt am brifo chi ac yn gofyn iddynt am faddeuant hefyd.

Pennod 8

Gweddi Sant Ffransis .

" Arglwydd yn gwneud i mi offeryn dy hedd , lle mae casineb gadewch i mi hau cariad, lle mae pardwn anaf, lle mae amheuaeth , ffydd , lle mae gobaith anobaith , lle mae goleuni tywyllwch , a lle mae llawenydd dristwch , grant tad efallai nad wyf yn ceisio cael cysur o ran consol , i'w ddehongli fel i ddeall, i gael ei garu fel i garu , amen . "

" Hiwmor yw ein ffordd o amddiffyn ein hunain rhag hurt bywyd trwy feddwl afresymol amdanynt " . Lewis Mumford .

"Rydw i'n mynd i mewn i'r ysbyty i gyflawni fy efeilliaid . " Fy coworker Jane dywedodd wrth iddi sôn am gael ei symud y fron dwbl. Jane diagnosis o ganser y fron un diwrnod Ionawr dde cyn dod i weithio mewn gofal dydd . Jane , fy mom a minnau i gyd yn gweithio gyda'i gilydd mewn gofal dydd yn Georgia gyda phlant dwy flynedd .

Jane sydd bob amser wedi gwên ar ei wyneb , cân yn ei galon, ac yn y gwanwyn yn ei gam casually torrodd y newyddion i ni gydag agwedd gadarnhaol a hiwmor .

Pan ddywedodd Jane wrthym am ei canser ei bod yn anodd peidio â credu na fyddai Jane llusgwch y bwystfil gan y gwallt yn edrych yn yn syth yn y llygad ac yn chwerthin yn ei wyneb. Byddai jane goresgyn canser a fyddai'n defnyddio hiwmor i wneud hynny . Jane agwedd gadarnhaol cadw pob un ohonom yn gadarnhaol .

Mae hi'n dysgu i ni ei bod yn iawn i chwerthin am ganser. Mae hi'n dysgu ni mai dim ond oherwydd bod person wedi canser , nid yw'n golygu bod ganddynt ddedfryd o farwolaeth . Mae hi'n dysgu ni mai duw yn rheoli'r ac ni fydd yn rhoi'r gorau i ni.

Roedd Jane a oedd yn dal mewn gwirionedd yn ei chylch o ffrindiau at ei gilydd . Na fyddai'n gadael i ni disgyn ar wahân . Ar ôl Jane Roedd aeth ei symud dwbl i ymweld â hi yn yr ysbyty ac mae hi mi yn pwythau . Dywedodd wrthyf nad oedd hi eisiau i bobl crio am ei .

Fel rhai sy'n rhoi gofal ac fel cleifion mae'n rhaid i ni gofio ei bod yn berffaith iawn i chwerthin . Chwerthin yn wir yn y feddyginiaeth gorau. Yr wyf yn credu o ddifrif mai chwerthin o'i ffrindiau , teulu , ac mae ei hun sydd wedi gwneud Jane goroeswr canser y fron .

Pennod 9

"Duw yn iacháu cerdd ar gyfer goroeswyr canser y fron . "

"Cofiwch pan fyddwch yn clywed y geiriau ac rydych yn eu taflu i'r môr du o gwae , mae Duw yn iachau . Cofiwch yn eich unigrwydd a phoen , mae Duw yn iachau . Cofiwch gweddïau ffrindiau, eich teulu anogaeth, cipolwg o obaith o angylion , Duw heals . Tawel gallwch glywed Duw yn sibrwd yn awr, byddaf yn gwella . "

Adnoddau canser y fron.

Dinas Hope Ganolfan Ganser Los Angeles , California

Rhif ffôn 1-800-826-4673

Goffa Sloan Kettering Center Dinas Efrog Newydd

Rhif ffôn 1-800-525-2225

Grŵp cefnogi canser

Rabloch Canser Foundation Inc

Canser Bloch Un H. ac R. Bloc Way

Kansas City, Mo 64105

Rhif ffôn 1-800-433-0464

Locks of Love

234 Southern Blvd .

West Palm Beach , Florida 33405

Rhif ffôn 561-833-7332

Mae gofal canser

Rhif ffôn 1-800-813-4673

Mae ganddynt swyddfeydd yn Efrog Newydd , New Jersey a Connecticut.

cymorth ariannol

1-800-813- Hope

Mae'r rhif hwn yn cynnig cymorth ariannol i bobl ag incwm isel.

Trin Canser America Canolfannau .

Rhif ffôn 1-888-767-0247

cwnsela

lle frân

Rhif ffôn 949-474-4337

Mae gofal canser

Rhif ffôn 1-800-813-4673

"Pan fyddwch yn eu geni i chi cried a'r byd yn llawen . Fyw eich bywyd felly pan fyddwch yn marw yn y byd yn crio ac rydych yn llawenhau . " Mynegiant Old Cherokee .

Dad , tad , Pa, Dad , yr holl eiriau sy'n gwneud i chi yn syth yn teimlo'n ddiogel , yn gynnes , hapus , hardd a'i garu . Fy nhad , fy ffrind , fy arwr , fy hyderus , fy athro , Bernie Leudeman yn ddyn heb unrhyw difaru . Roedd wrth ei fodd , collodd , ac roedd yn byw .

Pan fyddaf yn meddwl am fy nhad , y gân Frank Sinatra , " My Way . " Yn dod i mind.My tad yn angerddol am fywyd. Yr oedd yn weithiwr caled , ffrind ffyddlon , tad cariadus , a gwr ffyddlon . Roedd wrth ei fodd garddio yn union fel ei mom . Roedd wrth ei fodd anifeiliaid yn union fel St Francis. Roedd wrth ei fodd ceir cyflym , radios CB , pysgod , a cherddoriaeth .

Dad yn gwisgo llawer o hetiau . Dechreuodd ei yrfa yn gwerthu pretzels gyda'i dad yn Madison Square Garden . Daeth yn berchennog busnes balch , ac yn olaf ymddeol o Ysbyty Pilgrim Wladwriaeth ar Long Island , Efrog Newydd yn y 1990au cynnar.

Cyfarfu Dad a mom ar ddyddiad ddall . Maent yn priodi ar Awst 22,1970 mewn seremoni hardd.

Roedd gan dad a mom dau o blant , fy mrawd a I.

Roedd Dad llysenw "The Bull " oherwydd ei fod yn ddyn strapio cryf. Roedd ganddo lais ffyniannus , llygaid glas a gwallt melyn . Cafodd ei eni ar 25 Hydref , Ł942 yn Brooklyn , Efrog Newydd ac a fu farw Medi 27, 2006 , ddioddefwr arall o ganser .

Marwolaeth fy nhad oedd gynamserol , brawychus , a'r mwyaf poenus ar gyfer fy nheulu . Ar ôl fy rhieni wedi ymddeol symudodd fy nheulu allan o Efrog Newydd i Georgia . Dad bob amser yn caru cowbois , cowbois , a cherddoriaeth cowboi felly symud i'r De Deep oedd breuddwyd yn dod yn wir ar ei gyfer.

Pennod 10

"Nid yw'n bwysig pwy ydych chi caru , lle'r ydych yn caru, pam yr ydych yn caru , pan fyddwch yn caru, neu sut yr ydych yn caru , dim ond materion bod wrth eich bodd . " John Lennon .

Prynu fy rhieni yn swynol 3 ystafell wely 2 wlad bath ranch gyda iard gefn enfawr mewn tref ddeheuol bach hyfryd . Maent yn gyflym yn dod deheuwyr a fabwysiadwyd. Dad caru gweithio yn ei gardd flodau , chwarae gyda'i labordy yn yr iard gefn , ac yn eistedd ar ei porth gwrando ar gerddoriaeth. Dad oedd y darlun o iechyd perffaith .

Yn ystod haf 2006 fy ngŵr a minnau cynllunio aduniad teuluol . Yr oedd fy rhieni 36 pen-blwydd priodas yn dod i fyny ac yn fy mhen-blwydd nithoedd iau, maent yn rhannu y diwrnod arbennig .

Fy nghyfreithiau yn , nithoedd , ac mae fy mrawd yn hedfan i mewn o Efrog Newydd ar gyfer y digwyddiad mawr . Treuliodd y teulu yr wythnos teithio o amgylch y golygfeydd o gwmpas Atlanta a dim ond yn cael amser gwych gyda'i gilydd.

Ar ddiwrnod y pen-blwydd fy rhieni a fy mhen-blwydd nithoedd cawsom ddathlu hwyl. Rydym yn dawnsio , chwerthin , bwyta ac yn canu yn fy nhŷ . Roedd yn amser hapus i bob un ohonom .

Pan ddaeth yr wythnos i ben rydym yn drist i weld y gweddill ein teulu yn mynd , ond roeddem yn gwybod y byddem yn eu gweld eto yn fuan . Ar y ffordd adref o ollwng ein gwesteion i ffwrdd yn y maes awyr fy nhad a oedd yn gyrru dechrau cwyno o boen ysgwydd .

Roedd yn credu ei fod yn arthritis . Aeth Dad gartref a gorffwys .

Y diwrnod nesaf fy ngŵr a minnau yn mynd i weithio . Pan gyrhaeddais adref roedd neges ar fy beiriant ateb o fy mom . "Ni all Dad symud ei fraich neu goes , yr wyf yn credu ei fod wedi cael strôc . " , Meddai Mom . Mae fy ngŵr a minnau yn gyrru i gartref fy rhieni ' .

Rydym yn ceisio argyhoeddi fy nhad i fynd i'r ysbyty .

Gwrthod Dad , dim ond brwsio 'i off .

Yn ddiweddarach y noson honno fy nhad cael llawer gwaeth . Ni allai gerdded a oedd yn cael cur pen drwg iawn . Rydym yn galw 911.At yr ysbyty y meddygon yn rhedeg pob math o brofion ar dad . Ni fyddaf byth yn anghofio hyn o bryd daeth y meddyg i mewn i ystafell fy nhad a dwaud wrth fy mom , ngŵr a minnau wedi bod dad canser yr ymennydd ac nad oedd unrhyw beth y gallent ei wneud . Popeth i ben. Yr wyf yn cofio clywed sgrechian a doeddwn i ddim hyd yn oed yn sylweddoli y sgrechian yn dod oddi wrthyf . Yr wyf yn cofio fy ngŵr bron yn pasio allan a fy mom troi yn wyn fel ysbryd . Yna mi cofio dad graig ein teulu . Yr wyf yn cofio union eiriau meddai wrth y meddyg.

" Pa mor hir sydd gen i? " Gofynnodd gyntaf.

Edrychodd y meddyg ifanc yn me.My gwr lapio dynn ei freichiau o gwmpas fi . "Efallai yr wythnos. " Dywedodd y meddyg ifanc. "Rydw i eisiau mynd adref i farw ' , meddai Dad i mom .

Yn ddiweddarach y noson honno fy mrawd yn hedfan yn ôl i Georgia . Yr wyf yn cofio pa mor devastated oedd. Rydym yn eistedd mewn tawelwch wrth i ni yrru yn ôl i dy fy rhieni i aros ar gyfer hosbis i sefydlu gwely ysbyty am fy nhad yn yr ystafell fyw . Yr wyf yn cofio fy mrawd ac ni allwn edrych ar ei gilydd rhag ofn y gallem byrstio allan mewn dagrau . Ni allem gysur ei gilydd ; nid oedd dim ond dim geiriau i ddweud .

Y diwrnod canlynol daeth fy nhad adref i'r gwely hosbis . Fi jyst yn disgyn ar wahân .

Mom , fy mrawd a fy ngŵr yn gryf .

Mae fy nhad yn glir i ni ei ddymuniadau terfynol. Dywedodd wrthym popeth oedd ei angen i'w ddweud. Nid oedd unrhyw eiriau gadael ddi-eiriau rhwng ni, dim dagrau unshed , unrhyw ymddiheuriadau na given.We wedi ddau offeiriad Catholig ac yn offeiriad Methodistaidd rhoi defodau olaf dad.

Un wythnos i'r diwrnod fy nhad ddiagnosis o ganser yr ymennydd , bu farw.

Rydym yn barod ar gyfer hyn yn ariannol , ac yn emosiynol . Pan fu farw dad ni'n gwybod ei fod am gael màs Gatholig oherwydd ei fod yn gatholig llym ac mae hefyd eisiau fy gweinidog yn bresennol yn y màs angladd. Gyda'i gilydd, mae'r bugeiliaid Catholig a Methodistaidd preformed màs cofeb cyffwrdd i anfon enaid fy nhad yn ôl i Dduw.

Roedd Dad gladdu yn Efrog Newydd nesaf at ei rieni .

Wedi marwolaeth dad roeddwn yn teimlo ar goll , fradychu , ac yn unig iawn. Nid oeddwn yn barod yn feddyliol i golli fy nhad . Cefais amser caled wir yn mynd dros ei farwolaeth.

Siarad am fy nhad wedi helpu . Mynd i leoedd a ddefnyddiwyd gennym i fynd gyda'i gilydd yn helpu . Mae cael llun ohono ar y dangosfwrdd o fy nghar wedi helpu .

Y wers bwysicaf a ddysgais o farwolaeth fy nhad yw nad ydych byth yn ei ben ei hun yn eich galar . Hyd yn oed er fy mod yn teimlo yn unig, cafwyd bobl allan yno i helpu.

Mae pawb yn mynd drwy'r broses o alaru yn wahanol . Nid oes gan neb yr hawl i ddweud wrthych i roi'r gorau i alaru . Nid wyf yn poeni os yw wedi bod yn ddiwrnod neu ddeng mlynedd ers i chi golli eich un annwyl . Nid oes unrhyw swm penodol o amser y normal neu beidio arferol i alaru ar gyfer eich hoff un .

Mae'n yr un fath pan ydych wedi cael diagnosis . Mae pawb yn ymateb yn wahanol i'w diagnosis ac mae hynny'n normal . Gwers arall yr wyf yn dysgu o farwolaeth fy nhad yn waeth faint o boen ydych mewn bywyd a fydd yn mynd ymlaen . Byddwch yn dod o hyd i ffordd i fynd ar .

Mae saith cam o alar. Maent fel a ganlyn ;

1 . sioc

2 . gwrthod

3 . bargeinio

4 . euogrwydd

5 . dicter

6 . iselder

7 . Derbyn .

Beth allwch chi ei wneud os ydych chi wedi colli un annwyl ?

Dyma nifer o awgrymiadau i gychwyn y broses o wella.

1 . Cael digon o gwsg .

2 . Ymarfer Corff.

3 . Gwnewch yn siŵr eich bod yn bwyta .

4 . Osgoi cyffuriau ac alcohol.

5 . Ymunwch â grŵp cymorth .

Mae'n bwysig iawn ar yr adeg anodd eich bod yn cael cwsg . Os ydych yn deffro teimlad dihysbyddu eich meddwl nid yn gallu eich helpu chi i wella. Byddwch yn dod o hyd i eich hun yn fwy flin , yn fwy isel eu hysbryd , ac yn fwy sensitif. Cwsg yn eich helpu i ymlacio , ac yn iacháu'r y meddwl.

Ymarfer Corff. Yn ystod yr amser y gallai ymarfer corff fod yn allweddol i wella. Mae'n rhyddhau straen a thensiwn . Bydd yn eich helpu i anghofio eich poen .

Rwy'n gwybod y gall fod yn anodd i chi fwyta ar hyn o bryd ond mae angen bwyd eich corff. Mae galar expends llawer iawn o ynni. Heb fwyd , bydd eich corff yn dod yn rhedeg i lawr ac yn wan iawn.

Osgoi cyffuriau ac alcohol. Efallai y bydd yn eich helpu i anghofio eich poen am gyfnod, ond y gwir oer caled na fydd yn dod â eich hoff un yn ôl . Bydd Dinistrio eich iechyd eich hun ond yn ychwanegu at eich dioddefaint .

Ymunwch â grŵp cymorth . Nid oes cywilydd mewn cyfaddef eich poen . Bydd pobl yn deall eich poen oherwydd eu bod yn mynd drwyddo hefyd.

Mae'r canlynol yn rhai enghreifftiau o sut i anrhydeddu un annwyl .

1 . Blannu gardd flodau . Am bob pen-blwydd neu ben-blwydd planhigyn blodyn er cof am eich un annwyl .

2 . Casglu straeon doniol , atgofion neu luniau f rom aelodau eraill o'r teulu , ffrindiau , a chydweithwyr eich hoff un a gwneud llyfr lloffion arbennig anrhydeddu yr hyn y maent i fod i bob un ohonoch .

3 . Neilltuo lle arbennig ac amser i siarad â'ch hoff un bob dydd . Eu bod yn eich calon a bydd bob amser

.

4 . Cyfrannu at eich hoff un hoff elusen .

5 . Peidiwch â rhoi'r gorau i ddathlu pen-blwydd eich rhai annwyl , pen-blwydd , neu ddyddiau arbennig a oedd yn golygu rhywbeth iddynt. Eich anwyliaid yn rhan o bwy ydych chi a dylid eu canmol bob dydd .

Fel fy nheulu , anwyliaid a minnau yn mynd drwy'r daith hon gyda'n gilydd rydym yn gweld bod cerddoriaeth help mawr i ni ar y dyddiau roeddem yn teimlo digalonni . Mae'r canlynol yn rhestr o ganeuon fy mod yn rhoi at ei gilydd i helpu i godi eich ysbryd . Roedd y rhain yn caneuon fy anwyliaid defnyddio fel eu bod yn mynd am driniaeth, caneuon a ddefnyddiwyd gennym i roi cysur a heddwch i ni ac i alw ein angylion gwarcheidwad .

1 . " Mae Wonderful World " gan Louie Armstrong .

2 . " Rhywle dros y enfys ' gan Judy Garland .

3 . " Mae'n ddiwrnod hyfryd " gan U2

4 . "Mae'n fy mywyd ' gan Bon Jovi .

5 . "Gwir Lliwiau ' gan Cindy Lauper .

6 . " Mae ganddi ffordd ' gan Billy Joel .

7 . " Onest ' gan Stryper .

8; " Ffrindiau " gan Michael W. Smith

9 . "Byddaf yn goroesi ' gan Gloria Gaynor .

10 . " Heddwch yn y dyffryn ' gan Elvis .

11 . " Rydych chi mor brydferth ' gan Joe Cocker .

12 . " Onid yw dim mynydd ddigon uchel" gan Diana Ross .

13 . " Cerdded ar heulwen " gan Katrina a'r Tonnau .

14 . " Rwy'n rhy sexy " trwy hawl meddai Fred .

15 . " Cylch bywyd" gan Elton John .

Roeddwn i'n meddwl y byddai'n ddiddorol pe bawn ychwanegu at y llyfr hwn rhai o fy anwyliaid hoff ryseitiau.

Mefus dip siocled.

Un bag o sglodion siocled lled - melys .

Un mefus peint , golchi.

Rhowch sglodion siocled mewn powlen medal cyfrwng gosod dros sosban saws o ddŵr berw . Droi nes toddi . Mefus Dip gadael i oeri . Ar gyfer un awr.

Cyw iâr a Cole slaw lapio .

Un can o gig cyw iâr gwyn trwchus .

Un slaw cwpan .

Gall un o bîn-afal wedi'u malu .

Dau Tostitos blawd.

Mewn powlen gymysgu fach ychwanegu cyw iâr , Cole slaw , a phîn-afal . Trowch , ei orchuddio a'i refirgete am o leiaf 25 munud . I weini top bob torilla gyda gymysgedd . Mwynhewch .

Nwdls a chŵn yn cyfarth .

Un pecyn o cŵn poeth .

Un bocs o gregyn .

Un pwys o gaws wedi'i gratio Americanaidd .

Halen a phupur .

Mae dau can s o saws tomato .

Coginiwch cŵn poeth mewn dŵr berwedig am ddeg munud.

Mewn ar wahân o berw dŵr cregyn coginio nes yn feddal . Torrwch cŵn poeth . Mewn hambwrdd mawr rhoi un can o saws tomato ar waelod yr hambwrdd . Cyfuno caws cŵn poeth , halen a phupur , a chregyn mewn yr hambwrdd . Rhowch ail dun o saws tomato ar ei ben. Pobwch ar 400 gradd ar gyfer 45 munud.

Drwy gydol fy rhai annwyl frwydr gyda'r bwystfil rydym yn gweddïo llawer. Mae'r canlynol yn ysgrythurau a roddodd i ni y cryfder mwyaf, anogaeth a chysur tra oeddem yn ein cwm .

Pennod 11

" Pa un yw Crist ynoch chwi y gobaith y gogoniant . "

Colosiaid 1:27

" . Rhaid iddo gyflawni'r Mewn chwech o gyfyngderau , ie mewn saith yno y gwybod chyffwrdd drwg â thi " Swydd 5 : 19

"Efallai fy nghnawd ac mae fy nghalon yn methu , ond duw yw nerth fy nghalon ac mae fy rhan am byth " . salm 73:26

" Oherwydd y mae'r Arglwydd a ddywedodd wrth dŷ Israel Ceisio ie fi a chwi yn byw . " Amos 5:04

" . Am trwy ras yr ydych yn gadwedig , trwy ffydd , ac nid eich hun ei fod yn rhodd Duw " Effesiaid 2 : 8

"Byddwch dewr da ac efe gryfhau eich calon bob un sy'n gobeithio yn yr Arglwydd . " Salm 31:24

" Bydd Er gwneud dy weddi wrtho ac efe a wrendy arnat . " Job 22:27

"Byddaf yn gweld chi eto a bydd eich calon yn llawen a'ch llawenydd ni fydd unrhyw ddyn yn dwyn . " John 16:22

"Ar gyfer y byddwch yn goleuo fy cannwyll , bydd yr Arglwydd Dduw fy oleuo tywyllwch. " Salm 18:28

' Er hynny, os unrhyw dyn yn dioddef fel Cristion gadael iddo beidio â bod yn gywilydd ond gadewch iddo ogoneddu Duw ar ei ran. " Peter 04:16

" Canys mi adfer iechyd i chwi a byddaf yn eich gwella dy glwyfau dywedodd yr Arglwydd . ' Jeremiah 30:17

" Nac ofna . " Kings 06:16

Cyn i mi gau'r llyfr hwn gennyf un peth arall yr hoffwn ei drafod. Dyna sut ddiolch i un sy'n rhoi gofal . Dyma restr o awgrymiadau ar sut i ddiolch i'r meddygon, nyrsys , cynorthwywyr iechyd cartref , bugeiliaid , a therapyddion .

1 . Soniwch am rhai sy'n rhoi gofal enw yn fendith Diolchgarwch .

2 , Rhowch y sawl sy'n rhoi gofal dydd i ffwrdd gyda thâl.

3 , Anfonwch y sawl sy'n rhoi gofal ychydig yn rhodd ac yn cynnwys mewn nodyn pam eu bod yn rhoi gofal mor arbennig.

4 . Anfonwch bwyd i'r cyfleuster lle mae'r un sy'n rhoi gofal yn gweithio.

5 . Gwnewch gyfraniad yn yr enw rhai sy'n rhoi gofal .

6 , yn dweud Yn syml, diolch i chi .

"Ni all Canser "

Cariad anablu'r cant Canser.

Ni all chwalu gobaith.

Ni all cyrydu ffydd .

Ni all fwyta i ffwrdd gobaith.

Ni all ddinistrio hyder.

Ni all lladd cyfeillgarwch .

Ni all pylu atgofion.

Ni all ymosod ar yr enaid .

Ni all leihau bywyd tragwyddol .

Ni all ddiffodd eich goleuni mewnol .

Ni all ddwyn eich ysbryd .

Ni all wers y pŵer o dduwiau iachau .

Gall canser eich gwneud yn gryfach .

Gall wneud i chi drysor pob machlud .

Gall wneud i chi weddïo.

Gall wneud i chi yn credu mewn gwyrthiau .

Gall wneud i chi weld eich hun trwy lygaid Duw.

Fy nyddiadur dyddiol . Defnyddiwch hwn i ysgrifennu i lawr ysgrythur, gweddïau, teimladau , neu feddyliau .

1 . Yr wyf yn brydferth am fod .

2 . Yr wyf yn gallu curo canser oherwydd .

3 . Bydd fy brwydr â chanser helpu eraill oherwydd .

4 . Ysgrythurau sy'n annog i mi yn cael eu.

5 . Mae fy canser gân frwydr .

6 . Y rhesymau Ni fyddaf yn rhoi'r gorau iddi yn cael eu.

7 . Yr wyf wedi gobeithio am .

8 . Fy ngweddi yw .

9 . Gwersi a ddysgais o ganser yn cael eu.

10 . Neges yr wyf am ddweud wrth fy nheulu .

11 . Fy nymuniadau terfynol .

12 . Fy hoff ganeuon yn cael eu.

13 . Yr hyn yr wyf am i'r byd wybod am mi yw .

14 . Pethau sy'n rhoi heddwch i mi yn cael eu.